Lena Kalisch

NAYAN MACHT DIE AUGEN AUF

*Für meine Mutter, die mir meine Sicht
auf die Welt geschenkt hat*

ACHSE

»Nayan! Wo steckst du denn schon wieder?«
Typisch Nayan! Er liebt es, Verstecken zu spielen.
Er ist so gut darin, dass Mira die halbe Wohnung
auf den Kopf stellen muss, um ihn zu finden.
Mira ist Nayans Mutter. Magst du ihr helfen?
Vielleicht hast du Nayan ja schon entdeckt!?

Manchmal findet Mira ihn,
weil seine wilden Locken aus
dem Versteck ragen.

Oder Nayan verrät sich,
weil er vor Aufregung kichern muss.

Oder sein Ohr schaut hervor,
um seine Mama noch besser zu hören.

Aber meistens entdeckt Mira seine Hand,
wenn er versucht, unbemerkt an die Schale
mit den Süßigkeiten zu kommen.

Huch! Da ist er ja!
Nayan macht sich einen Spaß daraus, aus seinem Versteck zu
springen, wenn es niemand erwartet.
Den richtigen Moment erwischt Nayan jedes Mal – obwohl er
dich nur kommen hört und nicht sieht.

Wenn Nayan dich anschaut …

... sieht er dich nämlich so.

Denn Nayan kann nicht sehen. Nayan ist blind.
Dafür kann er umso besser hören und riechen.
Nayan könnte dich am Geräusch deiner Schritte erkennen.
Er ist so geübt im Tasten, dass er sich zurechtfindet,
egal ob es Tag oder Nacht ist.
Auch wenn es draußen stockfinster ist, findet Nayan
seinen Teddy und spielt, als wäre es hell.

Tippitoppi!

Genau wie du hat Nayan
einige Dinge richtig gern.

Und manche Dinge mag
Nayan überhaupt nicht.

Kannst du dir vorstellen, wie Nayan die Welt
erlebt? Wenn du die Augen schließt, kannst du
es ausprobieren. Was hörst du? Was riechst du?
Was fühlst du um dich herum?

Nayan will immer genau wissen,
woher ein Geräusch oder ein Geruch kommt.
»Was raschelt da?«
»Das ist ein Eichhörnchen im Baum«, hilft Mira.

»Und was riecht hier so gut?«
»Rate mal«, fordert Mira ihn manchmal auf.
»Milchbrötchen!«, ruft Nayan entzückt.
Und damit liegt er immer richtig.

Aber es gibt Antworten, die Nayan nicht
genügen. Sie machen ihn richtig ungeduldig.
»Mama, was sind Farben?«
»Farben sind bunt. Wie Gefühle ...«
»Häh!?«, macht Nayan. Aber da
fällt ihm schon die nächste Frage ein:
»Wie siehst *du* aus, Mama?«
»Na ja, meine Haare kennst du, die kitzeln
dich beim Kuscheln und wir sehen uns
auch ein bisschen ähnlich, weil – «
»Aber!«, – unterbricht Nayan,
»Wie sehe *ich* denn aus!?«

Wenn ein Kind blind geboren wurde, ist es sehr
ungewöhnlich, dass es jemals sehen kann.
Aber in der Geschichte von Nayan ist das möglich.

Mira und Nayan fahren dafür in eine Klinik.
Auf dem Weg dorthin kribbelt es lustig in Nayans
Bauch. Es fühlt sich an, als würde man ihn von
innen kitzeln. Nayan ist aufgeregt.
Eine Ärztin, die nach Pfefferminzbonbon riecht,
erklärt ihm alles.

Nayan legt sich in ein kuscheliges Bett.
Seine Mama und die Pfefferminzbonbonärztin
unterhalten sich noch. Die Stimmen sind wie kleine
Wellen, die Nayan leicht auf und ab schaukeln lassen.
»Ob Stimmen eigentlich auch Farben haben?«,
fragt sich Nayan im Halbschlaf.

Aber da ist er schon tief und fest eingeschlafen.

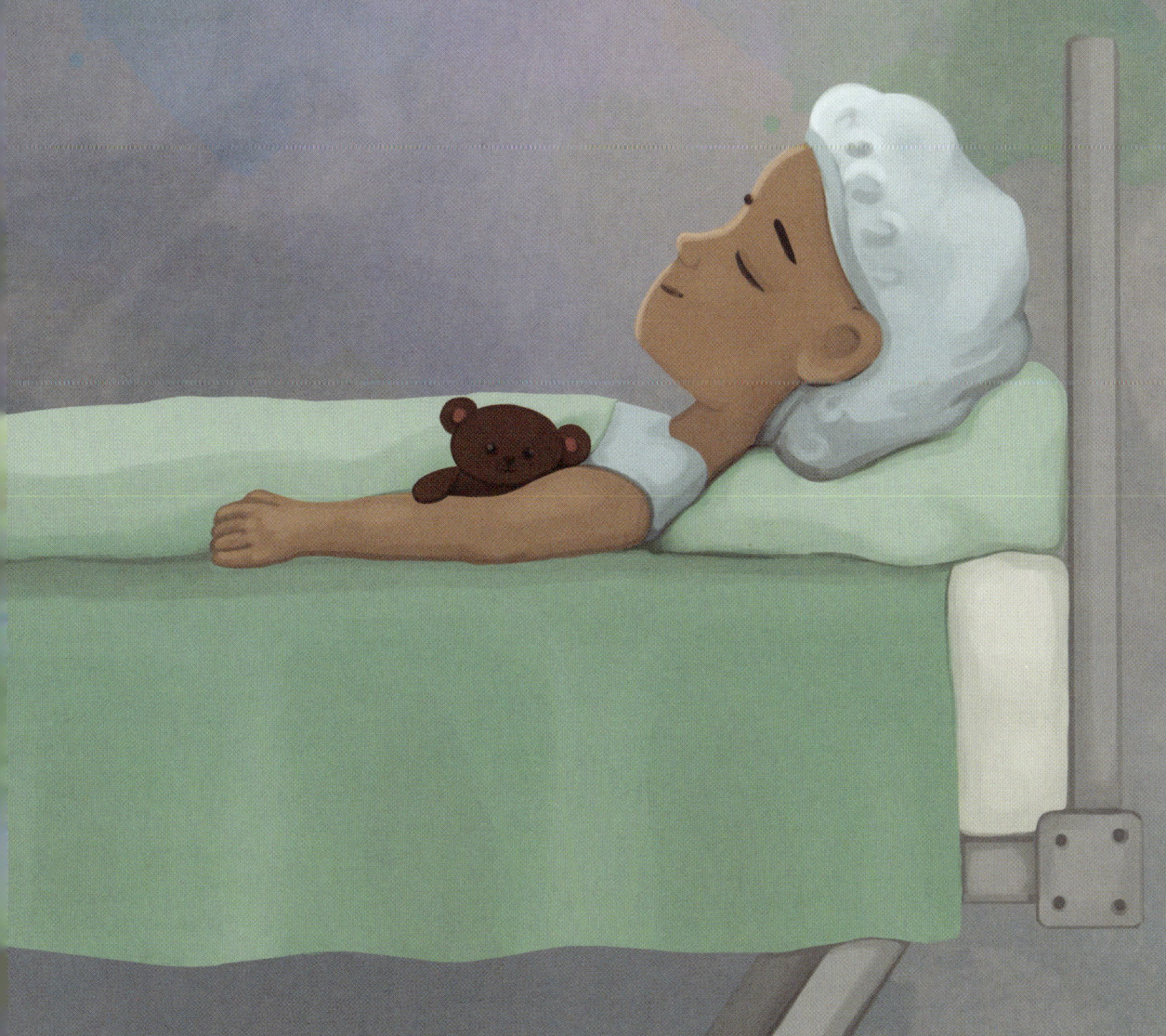

Nayan wacht zu Hause auf. Das weiß er,
weil er den Geruch seines Zimmers erkennt.
Doch er sieht nichts. Gar nichts.
Gegen seine Augen drückt etwas.
»Mama?«
»Ich bin hier«, Mira legt ihre Hand auf seinen Arm.
»Was hab ich denn da auf dem Gesicht?«
»Das ist eine Augenbinde.«
»Kannst du das Augendings bitte,
bitte runternehmen?«

Behutsam löst Mira den Knoten und es wird hell –
obwohl Nayan seine Augen noch geschlossen hat.
Ist dir auch schon mal aufgefallen, dass du Licht
sehen kannst, selbst wenn deine Augen zu sind?

Nayan blinzelt. Er öffnet seine Augen einen kleinen
Spalt. Erst sieht Nayan wie durch einen Nebel.
Dann erkennt er langsam, dass jemand vor ihm sitzt.
Und ihn anschaut. Seine Mama.

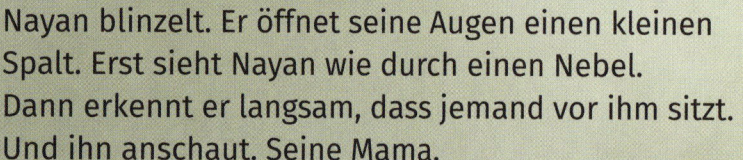

Weil Nayan zum ersten Mal sieht,
hat er keine Worte für das, was er sieht.
Aber eines weiß er. Dass seine Mutter ihn sehr, sehr
liebhat. Das spürt er einfach in ihrem Blick.

Jetzt gibt es unendlich viel zu entdecken.
Jeder Gegenstand, jede Bewegung ist eine Sensation!
Alles will angeschaut und erkundet und benannt werden.
Tagelang stellt Nayan die ganze Wohnung auf den Kopf und
erforscht sich selbst und alles, was er sehen kann.

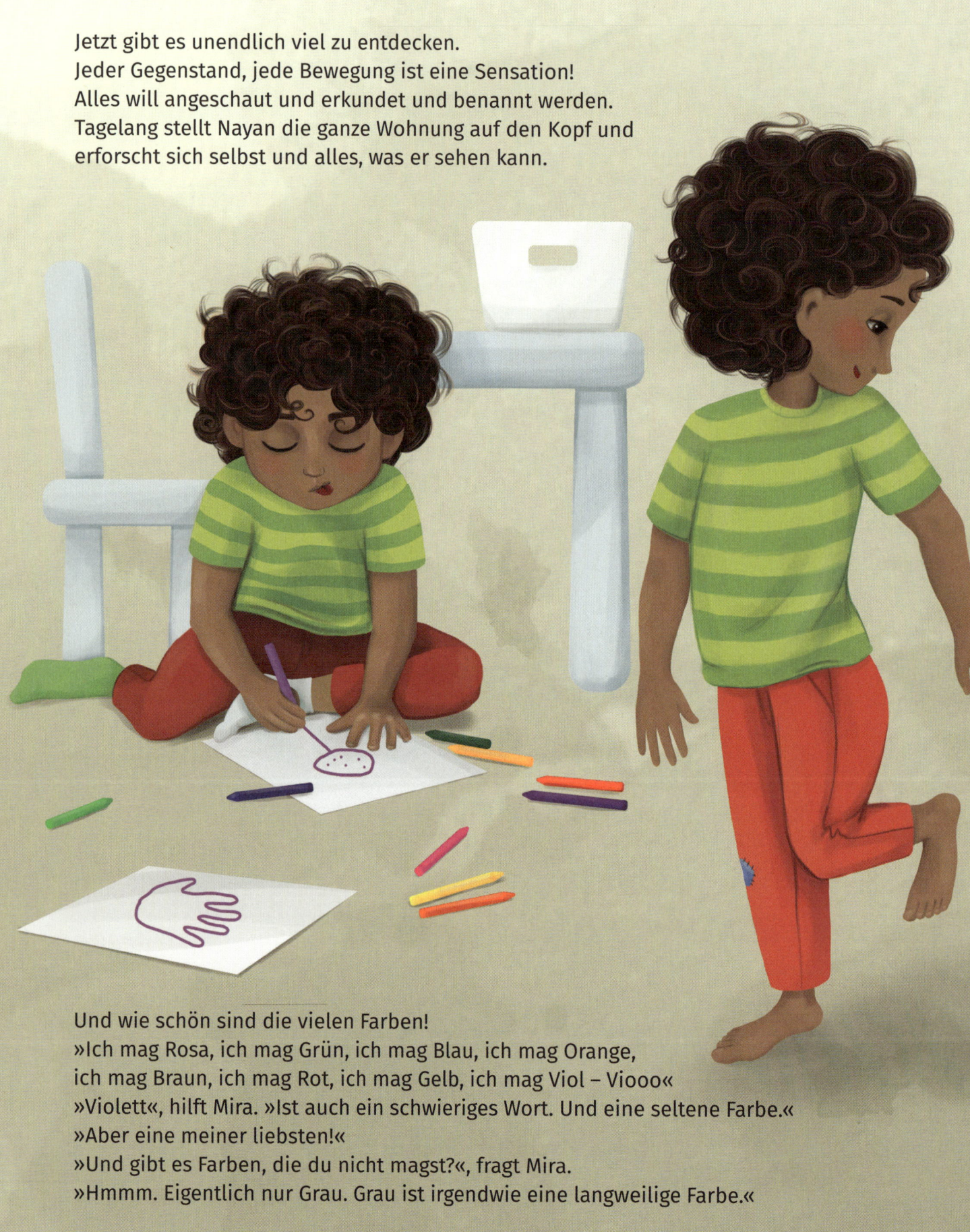

Und wie schön sind die vielen Farben!
»Ich mag Rosa, ich mag Grün, ich mag Blau, ich mag Orange,
ich mag Braun, ich mag Rot, ich mag Gelb, ich mag Viol – Viooo«
»Violett«, hilft Mira. »Ist auch ein schwieriges Wort. Und eine seltene Farbe.«
»Aber eine meiner liebsten!«
»Und gibt es Farben, die du nicht magst?«, fragt Mira.
»Hmmm. Eigentlich nur Grau. Grau ist irgendwie eine langweilige Farbe.«

Aber als Nayan und Mira dann zum ersten Mal hinausgehen …

Himmel: grau

Häuserwände: grau

Bürgersteige: grau

Die Menschen rennen an Nayan vorbei.
Sie schauen nicht einmal, wohin sie laufen.
Sogar sie haben graue, trübe Gesichter.
So hat sich Nayan die Welt nicht vorgestellt!

Zurück in der Wohnung, rennt Nayan in sein Zimmer und knallt die Tür zu.
»Was ist denn los?«, ruft Mira ihm nach.
»Du hast gelogen!«, tobt Nayan, »die Welt ist grau und doof und überhaupt nicht schön! Nie hast du gesagt, dass die Bäume aus Beton wachsen, die Vögel in Käfigen sitzen und die Sonne sich hinter dunklen Wolken versteckt. Wozu haben die Menschen Augen! Benutzen sie die überhaupt!? Ich wünschte, ich hätte nie angefangen zu sehen!« – und mit diesen Worten setzt sich Nayan seine Augenbinde wieder auf.

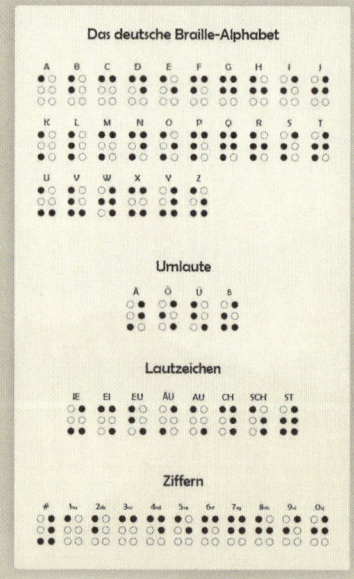

Das deutsche Braille-Alphabet

Umlaute

Lautzeichen

Ziffern

Kein Versuch von Mira lockt Nayan aus seinem Zimmer. Nicht einmal fürs Abendessen kommt er raus. Dabei hat Mira extra eine besonders bunte Gemüsepfanne gemacht.
Mira weiß, dass Nayan ein bisschen Zeit zum Nachdenken braucht. Aber sie hat eine Idee.

Am nächsten Morgen wacht Nayan von einem süßen Geruch auf. Ist das ein Milchbrötchen? Leise öffnet Nayan seine Zimmertür. Trotz Augenbinde schleicht er zielsicher in die Küche. Auf seinen Orientierungssinn kann er sich ja noch verlassen.

Jetzt riecht er das Milchbrötchen ganz nah.
Aber da ... stoßen seine Finger auf etwas Großes, Kantiges ...
»Häh«, macht Nayan. Er ertastet das Rechteck und entdeckt eine
weiche Schleife, wie sie immer an seinen Geschenken ist.
Und was weißt du mittlerweile über Nayan?

Er ist superneugierig. Also ...

... wartet er nicht länger und reißt das Geschenkpapier auf.

Was er da aus dem Karton nimmt, haben seine Finger noch nie berührt. Es ist angenehm kühl und ein bisschen schwer, sodass er beide Hände zum Halten braucht.

Jetzt muss Nayan vor Neugierde die Augenbinde doch heben, um dieses merkwürdige Ding anzuschauen. Was ist das nur?

Da taucht Mira im Türrahmen auf. »Das ist eine Fotokamera.«

»Damit kannst du besondere Momente festhalten.
Schau mal hier durch«.

»Ooh!«

Die Kamera ist wie ein Auge. Nayan sieht seine
Mutter. Sie zeigt auf den Knopf an der Kamera.
Klick. Nayan dreht sich. Und sieht die Blume auf
der Fensterbank. *Klick.* Gesicht Mama – *klick* –
Blume – *klick* – Gesicht Mama – *klick* – so macht
Nayan seine ersten Fotos.

Er quietscht vor Aufregung.

»Aber das, was deine Kamera kann, das kannst du auch.« Nayan versteht nicht, was seine Mutter meint. »Wie du die Welt erlebst, hat nicht nur damit zu tun, ob du sehen kannst oder nicht. Du hast selbst die Wahl: Siehst du eine graue Welt? Oder entdeckst du die kleinen Wunder, die das Leben bunt machen?« Nayan grübelt. Das ist doch Blödsinn. Die Welt da draußen war einfach nur grau, da kann eine Kamera nichts dran ändern, oder?

Er geht zum Fenster. Und blickt hinaus. Hm.
In den Regenpfützen glitzert die Sonne.
Ein kleiner Vogel fliegt auf den Baum zu
und versteckt sich in den Blättern. Hm.
»Das heißt, diese kleinen Wunder sind die ganze
Zeit da, aber wir können sie einfach übersehen?«
Mira nickt. Nayan überlegt. Seine Kamera
hat er fest in der Hand. Und dann … –

»Mama, können wir heute noch einen Spaziergang machen?«, fragt Nayan.

Und bei diesem Spaziergang – und bei dem nächsten und überhaupt bei allen Spaziergängen seit diesem Tag – hat Nayan seine Kamera immer dabei.

Egal, wie grau es draußen ist, egal, wie laut oder hektisch – jedes Mal findet Nayan schöne Dinge zum Fotografieren. Seine bunte Sammlung wird von Tag zu Tag größer.

Schau doch mal, was Nayan alles entdeckt hat!

Mittlerweile mag Nayan sogar das Grau. Denn es passt so gut mit den anderen Farben zusammen. Und es ist ein tippitoppi Hintergrund für die zarten Blumen, die er zwischen den Ritzen des Betons findet.

Welche kleinen Wunder kannst du sehen,
wenn du die Augen aufmachst?

Danksagung

Mein Dank gilt Oskar Holzberg, aufmerksamer Leser,
kostbarer Freund und Ratgeber.
Danke für die inspirierenden und hilfreichen
Gespräche mit Prof. Erich Schmid, Lehrer am
Bundes-Blindeninstitut Wien und Vizepräsident des
österreichischen Behindertenrates.
Danke an meine Erstleserinnen Noa und Nanette.

———

Über die Autorin

Die deutsch-israelische Schauspielerin
Lena Kalisch spielt an renommierten Häusern wie
dem Burgtheater Wien und dem Schauspiel Köln.
Von Netflix bis Tatort deckt sie ein breites Spektrum
in Film und Fernsehen ab.

Nach vielen Jahren der Meditationspraxis machte
Lena Kalisch eine außergewöhnliche Erfahrung in
einem Dunkelretreat, in dem sie tagelang nichts sah.
Von der Dunkelheit und dem darauffolgenden Sehen
inspiriert, ist Nayan entstanden.

Nayan macht die Augen auf
Lena Kalisch

Illustration: Emőke Gabriella Németh
Satz und Layout: Sarah Fuchs

ISBN 978-3-903408-13-5

© ACHSE Verlag, Wien
1. Auflage, 2023
Alle Rechte vorbehalten.
Gedruckt in der Europäischen Union.

www.achseverlag.com

Gefördert von der Stadt Wien Kultur

Der Einband des Buches besteht aus einem Naturmaterial,
das sich je nach Temperatur und Luftfeuchtigkeit bewegt und
daher zu einem leichten Aufbiegen des Covers führen kann.